Dr. Oetker

Die schnellsten
Kartoffelsalate
und Nudelsalate

Dr. Oetker

Die schnellsten Kartoffelsalate und Nudelsalate

Dr. Oetker Verlag

Vorwort

Kartoffelsalate und Nudelsalate

Kartoffelsalate und Nudelsalate – jeder kennt sie, jeder mag sie und bei den zahlreichen Variationsmöglichkeiten finden alle ihren Lieblingssalat.

Beliebt sind sie auf Buffets und im Picknickkorb, aber auch als Hauptgericht oder Beilage zum Grillen werden sie gern gegessen.

Unsere schnell angemachten Kartoffel- und Nudelsalate bereiten Sie im Handumdrehen zu – um sie dann ganz in Ruhe zu genießen.

Diese bunt gemischten Salate schmecken überraschend leicht, herzhaft deftig oder exotisch scharf und haben immer Saison.

Gegarte Pellkartoffeln oder gekochte Nudeln – in Verbindung mit Eiern, Gurken, Oliven, Hähnchenstreifen oder Forellenfilets und Salatsaucen zeigen sie ihre enorme Verwandlungsfähigkeit.

Und wenn der Kartoffel- oder Nudelsalat in null Komma nichts auf dem Tisch stehen soll, zeigen wir Ihnen, wie Sie fertigen Feinkostsalaten den Frische-Kick geben.

Die leicht verständliche Beschreibung der Rezepte garantiert, dass Ihnen jedes Rezept gelingt. Natürlich wurden wieder alle Rezepte von uns ausprobiert.

Nudelsalat mit Curry-Dressing

Zubereitungszeit: 20 Minuten, ohne Durchziehzeit

4 Portionen

Pro Portion: E: 17 g, F: 19 g, Kh: 67 g, kJ: 2137, kcal: 511, BE: 5,0

Zutaten

3 l Wasser

3 gestr. TL Salz

300 g kleine Muschelnudeln

1 Dose Gemüsemais (Abtropfgewicht 285 g)

je 1 rote und grüne Paprikaschote

Für das Dressing:

200 g Schmand (Sauerrahm)

1 EL Sesamöl

Salz

frisch gemahlener, weißer Pfeffer

2 TL Currypulver

3–4 EL Kochflüssigkeit (von den Nudeln)

2 hart gekochte Eier

Zubereitung

1 Wasser in einem großen Topf mit geschlossenem Deckel zum Kochen bringen. Dann Salz und Nudeln hinzugeben. Die Nudeln im geöffneten Topf bei mittlerer Hitze nach Packungsanleitung kochen lassen, dabei gelegentlich umrühren.

2 In der Zwischenzeit Mais in einem Sieb abtropfen lassen. Paprikaschoten halbieren, entstielen, entkernen und die weißen Scheidewände entfernen. Schotenhälften abspülen, abtropfen lassen und in kleine Stücke schneiden.

3 Für das Dressing Schmand mit Sesamöl in einer großen Salatschüssel verrühren. Dressing mit Salz, Pfeffer und Curry würzen.

4 Die garen Nudeln in ein Sieb geben, die Kochflüssigkeit dabei auffangen und 3–4 Esslöffel abmessen. Nudeln mit kaltem Wasser abspülen und abtropfen lassen.

5 Die Kochflüssigkeit unter die Schmandmasse rühren. Nudeln untermischen. Den Salat etwa 5 Minuten durchziehen lassen. Mais und Paprikastücke unterheben. Den Salat nochmals mit Salz, Pfeffer und Curry abschmecken.

6 Eier pellen und sechsteln. Den Salat mit Eiersechsteln garnieren und mit Curry bestäubt servieren.

Abwandlung: Statt des Curry-Dressings schmeckt auch ein Erdnusscreme-Dressing lecker. Dazu 2 Esslöffel Sojasauce mit 2 Esslöffeln Zitronensaft und 2 Esslöffeln Erdnusscreme (aus dem Glas) verrühren. 3 Esslöffel Sesamöl unterschlagen. Das Dressing mit Salz und Pfeffer abschmecken. Dann die gekochten Eier durch 250 g geputzte, in dünne Scheiben geschnittene Champignons und die Muschelnudeln durch Glasnudeln ersetzen.

Tipps

Zusätzlich 125 g gewürfelten, gekochten Schinken oder gegarte, geschälte Garnelen unter den Salat mischen. Wer es sich noch einfacher machen möchte, verwendet statt Mais und Paprikaschoten einen Mais-Gemüse-Mix mit Erbsen und roter Paprika aus der Dose (Mexiko-Mix 425 ml) für den Salat.

Tortellini-Salat

Zubereitungszeit: 25 Minuten

4 Portionen

Pro Portion: E: 15 g, F: 22 g, Kh: 47 g, kJ: 1892, kcal: 452, BE: 4,0

Zutaten

500 g frische Tortellini mit Käsefüllung (aus dem Kühlregal)

2 EL Kapern (aus dem Glas)

1 Schalotte

50 g Frühstücksspeck in feinen Scheiben (Bacon)

Für das Dressing:

3 EL Olivenöl

75 ml Gemüsebrühe

3–4 EL Weißweinessig

1 TL flüssiger Honig

Salz

frisch gemahlener Pfeffer

50 g Rucola (Rauke)

1 kleiner Radicchio

100 g Cocktailtomaten

¼ Zuckermelone, z. B. Galia

Zubereitung

1. Tortellini nach Packungsanleitung zubereiten. In der Zwischenzeit Kapern abtropfen lassen. Schalotte abziehen und in kleine Würfel schneiden. Speck in einer erhitzten Pfanne knusprig auslassen, herausnehmen und auf Küchenpapier abtropfen lassen.

2. Für das Dressing Olivenöl in die Pfanne geben und erhitzen. Schalottenwürfel kurz darin andünsten. Brühe, Essig und Honig unterrühren, mit Salz und Pfeffer würzen.

3. Die Tortellini in ein Sieb geben, mit kaltem Wasser abspülen, abtropfen lassen und in eine große Salatschüssel geben. Tortellini mit dem Dressing mischen.

4. Rucola verlesen und die dicken Stängel abschneiden. Radicchio putzen, halbieren und den Strunk herausschneiden. Salatblätter waschen, gut abtropfen lassen oder trocken schleudern. Salatblätter in mundgerechte Stücke schneiden oder zupfen.

5. Tomaten abspülen, abtrocknen, halbieren und die Stängelansätze herausschneiden. Melone entkernen und schälen. Das Fruchtfleisch in Würfel schneiden.

6. Rucola, Radicchio, Tomatenhälften und Melonenwürfel zu den Tortellini geben und untermischen. Den Salat nochmals mit Salz und Pfeffer abschmecken. Speckscheiben grob zerbröseln. Den Salat damit anrichten.

Abwandlung: Statt Tortellini eignen sich auch andere Nudelsorten, z. B. Penne, in Stücke gebrochene Makkaroni, Farfalle oder Spiralnudeln. Dann können Sie den Salat auch noch mit Mini-Mozzarella-Kugeln anreichern. Ersetzen Sie im Winter die Melone durch eingelegten Kürbis aus dem Glas.

Tipps

Statt Rucola und Radicchio können Sie auch auf eine fertig geputzte Salatmischung aus dem Beutel (aus dem Frischeregal in der Gemüseabteilung) zurückgreifen.
Der Salat eignet sich für eine Sommerparty. Die Tortellini mit dem Dressing können Sie bereits am Vortag zubereiten. Kurz bevor die Gäste kommen, den Salat dann nochmals abschmecken, evtl. noch etwas Brühe und Olivenöl hinzugeben und die restlichen Salatzutaten untermischen.

Nudelsalat all'arlecchino

Zubereitungszeit: 20 Minuten

2–3 Portionen

Pro Portion: E: 26 g, F: 34 g, Kh: 34 g, kJ: 2293, kcal: 548, BE: 2,5

Zutaten

200 g Rinderfilet oder Rumpsteak

1–2 EL Speiseöl, z. B. Olivenöl

Salz

frisch gemahlener Pfeffer

1 Msp. Paprikapulver edelsüß

1 rote Paprikaschote

1 Dose Erbsen (Abtropfgewicht 185 g)

400 g Nudelsalat mit Erbsen, Paprika und Möhren (aus dem Kühlregal)

1–2 Basilikumstängel

Zubereitung

1 Rinderfilet oder Rumpsteak mit Küchenpapier trocken tupfen und in schmale Streifen schneiden.

2 Speiseöl in einer Pfanne erhitzen. Fleischstreifen darin von allen Seiten kurz und kräftig anbraten, mit Salz, Pfeffer und Paprika würzen. Fleischstreifen aus der Pfanne nehmen und etwas abkühlen lassen.

3 In der Zwischenzeit Paprikaschote halbieren, entstielen, entkernen und die weißen Scheidewände entfernen. Schotenhälften abspülen, abtropfen lassen und in sehr kleine Würfel schneiden. Erbsen in einem Sieb gut abtropfen lassen.

4 Nudelsalat in eine Schüssel geben. Paprikawürfel und Erbsen hinzugeben und unter den Nudelsalat mischen. Salat mit Salz und Pfeffer abschmecken.

5 Basilikum abspülen und trocken tupfen. Die Blättchen von den Stängeln zupfen. Den Nudelsalat mit den Fleischstreifen und Basilikumblättchen servieren.

Abwandlung: Der Salat schmeckt statt mit gebratenem Rinderfilet oder Rumpsteak auch mit gebratenen Hähnchenbrustfilet-Streifen aus dem Kühlregal oder Roastbeef-Aufschnitt sehr lecker.

Tipp

Der Nudelsalat ist eine ideale Vorspeise für ein Buffet.

Bunter Spirelli-Schichtsalat

Zubereitungszeit: 30 Minuten

4 Portionen

Pro Portion: E: 24 g, F: 23 g, Kh: 55 g, kJ: 2202, kcal: 525, BE: 4,0

Zutaten

2½ l Wasser

2½ gestr. TL Salz

250 g bunte Nudeln, z. B. Spirelli

300 g TK-Mix-Gemüse
(z. B. Romanesco- oder Brokkoli-
oder Blumenkohl-Mix)

150 g Schafkäse- oder Fetawürfel,
in Öl eingelegt

4 mittelgroße Fleischtomaten

Für das Dressing:

1 Zwiebel

200 g Joghurt

200 g Doppelrahm-Kräuter-Frischkäse

50 ml Kochwasser
(von Nudeln und Gemüse)

Salz

frisch gemahlener Pfeffer

½ Bund frisches Basilikum

Zubereitung

1 Wasser in einem großen Topf mit geschlossenem Deckel zum Kochen bringen. Dann Salz und Nudeln hinzugeben. Die Nudeln im geöffneten Topf bei mittlerer Hitze nach Packungsanleitung kochen lassen, dabei gelegentlich umrühren.

2 TK-Gemüse hinzugeben und etwa 5 Minuten mit den Nudeln garen lassen. Nudel-Gemüse-Mischung in ein Sieb geben, dabei das Kochwasser auffangen und 50 ml abmessen. Nudel-Gemüse-Mischung mit kaltem Wasser abspülen und gut abtropfen lassen.

3 In der Zwischenzeit Schafkäse- oder Fetawürfel abtropfen lassen. Tomaten abspülen, abtrocknen, halbieren und die Stängelansätze herausschneiden. Tomatenhälften in Scheiben schneiden.

4 Für das Dressing Zwiebel abziehen und fein würfeln oder mit einem Blitzhacker klein hacken. Joghurt mit Frischkäse, Zwiebelwürfeln und dem aufgefangenen Kochwasser glatt rühren, mit Salz und Pfeffer abschmecken.

5 Die vorbereiteten Salatzutaten abwechselnd in eine große, hohe Glasschüssel oder in Portionsgläser schichten. Dabei auf jede Schicht etwas Dressing geben, mit einer Schicht Dressing und Käsewürfeln abschließen.

6 Basilikum abspülen und trocken tupfen. Die Blättchen von den Stängeln zupfen. Blättchen in feine Streifen schneiden. Den Schichtsalat mit Basilikumstreifen bestreuen.

Pasta-Salat mit Mini-Chili-Frikadellen

Zubereitungszeit: 25 Minuten

4 Portionen

Pro Portion: E: 21 g, F: 21 g, Kh: 56 g, kJ: 2121, kcal: 507, BE: 4,5

Zutaten

2 l Wasser

2 gestr. TL Salz

200 g Penne-Nudeln

Für das Dressing:

125 g Aioli (Knoblauch-Mayonnaise, z. B. aus dem Kühlregal)

150 g Joghurt

1 EL Tomatenketchup

Salz

frisch gemahlener Pfeffer

300 g fertig gekaufte Mini-Frikadellen (z. B. aus Geflügelfleisch, aus dem Kühlregal)

3–4 EL Thai-Chili-Sauce (aus dem Glas)

1 Kolben gegarter Mais (z. B. aus einem Vakuumpack oder 1 Dose Gemüsemais, Abtropfgewicht 140 g)

1 rote Paprikaschote

175 g Römer- oder Eisbergsalat

150–175 ml heiße Gemüsebrühe

Zubereitung

1 Wasser in einem großen Topf mit geschlossenem Deckel zum Kochen bringen. Dann Salz und Nudeln hinzugeben. Die Nudeln im geöffneten Topf bei mittlerer Hitze nach Packungsanleitung kochen lassen, dabei gelegentlich umrühren.

2 Anschließend die Nudeln in ein Sieb geben, mit kaltem Wasser abspülen und abtropfen lassen.

3 Für das Dressing Aioli mit Joghurt und Ketchup in einer großen Salatschüssel verrühren, mit Salz und Pfeffer würzen. Die Nudeln mit dem Dressing vermischen.

4 Mini-Frikadellen mit der Chili-Sauce mischen. Maiskolben in Scheiben schneiden oder Gemüsemais in einem Sieb abtropfen lassen. Paprikaschote halbieren, entstielen, entkernen und die weißen Scheidewände entfernen. Schotenhälften abspülen, abtropfen lassen und in kleine Würfel schneiden.

5 Salat putzen, die Blätter vom Strunk zupfen. Salatblätter waschen, gut abtropfen lassen und in mundgerechte Stücke zupfen. Heiße Brühe zu den Nudeln in die Salatschüssel geben und gut unterrühren. Nudeln nochmals mit Salz und Pfeffer abschmecken. Restliche vorbereitete Salatzutaten untermischen. Den Salat mit den Mini-Chili-Frikadellen anrichten.

Tipps

Aioli ist eine würzige, mit Knoblauch abgeschmeckte Mayonnaise, die aus der provenzalischen Küche stammt und traditionell zu gekochtem oder geräuchertem Fisch gereicht wird.

Wenn es noch schneller gehen soll, dann frische Nudeln aus dem Kühlregal verwenden, die nur etwa 3 Minuten in kochendem Salzwasser gegart werden.

Asiatischer Pilz-Glasnudel-Salat

Zubereitungszeit: 25 Minuten, ohne Abkühlzeit

4 Portionen

Pro Portion: E: 4 g, F: 9 g, Kh: 32 g, kJ: 962, kcal: 228, BE: 2,0

Zutaten

100 g Glasnudeln

1 Salatgurke

150 g Möhren

Für die Sauce:

1 kleines Stück Ingwer

1 Knoblauchzehe

2–3 Limetten

2 EL Weißweinessig

2–3 EL Sojasauce

4–5 EL Speiseöl, z. B. Rapsöl

1 Prise Zucker

1 Msp. Sambal Oelek (indonesische Chili-Würzpaste)

150 g Shiitakepilze

150 g Austernpilze

3 Frühlingszwiebeln

75 g Mungobohnenkeimlinge

Salz

Zubereitung

1 Glasnudeln nach Packungsanleitung zubereiten. Glasnudeln abgießen, mit kaltem Wasser abspülen und in einem Sieb abtropfen lassen. Gurke nach Belieben schälen, längs halbieren, entkernen und in etwa 1 cm breite Streifen schneiden. Möhren putzen, schälen, abspülen, abtropfen lassen und auf einer Küchenreibe in feine Streifen hobeln.

2 Für die Sauce Ingwer schälen. Knoblauch abziehen. Ingwer und Knoblauch in sehr kleine Würfel schneiden oder im Blitzhacker sehr fein hacken. Limetten halbieren und den Saft auspressen.

3 Limettensaft mit Essig, Sojasauce, Ingwer- und Knoblauchwürfeln in einer Schüssel verrühren. 3 Esslöffel des Speiseöls unterschlagen, mit Zucker und Sambal Oelek würzen. Glasnudeln, Gurken- und Möhrenstreifen hinzugeben und untermischen. Salat kurz kalt stellen.

4 In der Zwischenzeit Pilze putzen, mit Küchenpapier abreiben, evtl. abspülen und trocken tupfen. Große Pilze in grobe Streifen schneiden. Frühlingszwiebeln putzen, abspülen, abtropfen lassen und in kleine Stücke schneiden.

5 Keimlinge verlesen, abspülen und abtropfen lassen. Keimlinge in kochendem Wasser etwa ½ Minute blanchieren, in ein Sieb geben, mit kaltem Wasser übergießen und abtropfen lassen.

6 Restliches Speiseöl in einer Pfanne erhitzen. Shiitake- und Austernpilze darin unter Rühren kräftig anbraten und herausnehmen. Pilze etwas abkühlen lassen.

7 Keimlinge, Frühlingszwiebelstücke und Pilze unter den Salat heben. Den Salat nochmals mit Sojasauce und evtl. Salz abschmecken.

Tipps

Der Salat schmeckt auch köstlich mit asiatischen Instant-Weizenmehl-Nudeln. In asiatischen Lebensmittelgeschäften gibt es bereits fertig gewürzte Asia-Saucen bzw. Dressings (z. B. Chili oder Sweet-Sour), mit denen Sie den Salat auch anmachen können.

Dänischer Salat (Foto)

Zubereitungszeit: 20 Minuten

3–4 Portionen

Pro Portion: E: 34 g, F: 30 g, Kh: 41 g, kJ: 2427, kcal: 580, BE: 3,5

Zutaten

300 g TK-Erbsen

1 Glas Spargelköpfe
(Abtropfgewicht 265 g)

4 hart gekochte Eier

200 g gekochter Schinken, in Scheiben

1 roter Apfel

150 g Joghurt

Currypulver

400 g Nudelsalat mit Fleischbrät, Ei
und Erbsen (aus dem Kühlregal)

Salz

frisch gemahlener Pfeffer

Zubereitung

1 Etwas Wasser in einem Topf zum Kochen bringen. Erbsen darin zugedeckt etwa 3 Minuten dünsten. Dann die Erbsen in ein Sieb geben, mit eiskaltem Wasser abschrecken und abtropfen lassen.

2 Spargelköpfe abtropfen lassen. Eier pellen und in Stücke schneiden. Schinken in Streifen schneiden. Apfel abspülen, trocken tupfen, vierteln und entkernen. Apfelviertel in feine Spalten schneiden.

3 Joghurt mit Curry in einer Salatschüssel verrühren und den Nudelsalat unterrühren. Vorbereitete Salatzutaten hinzugeben und untermischen. Salat mit Salz und Pfeffer abschmecken.

Nudel-Apfel-Salat (Titelrezept, im Titelfoto hinten)

Zubereitungszeit: 20 Minuten, ohne Abkühlzeit

3–4 Portionen

Pro Portion: E: 15 g, F: 25 g, Kh: 60 g, kJ: 2231, kcal: 534, BE: 5,0

Zutaten

2 ½ l Wasser

2 ½ gestr. TL Salz

250 g Nudeln, z. B. Farfalle

Für die Sauce:

4 EL Salatmayonnaise

2 EL Joghurt

Salz, frisch gemahlener Pfeffer

1 große Gewürzgurke

125 g Fleischwurst

2 Äpfel mit roter Schale

evtl. 1 EL gehackte Petersilie

Zubereitung

1 Wasser in einem großen Topf mit geschlossenem Deckel zum Kochen bringen. Dann Salz und Nudeln hinzugeben. Die Nudeln im geöffneten Topf bei mittlerer Hitze nach Packungsanleitung kochen lassen, dabei gelegentlich umrühren.

2 Für die Sauce Salatmayonnaise mit Joghurt verrühren, mit Salz und Pfeffer würzen. Gewürzgurke halbieren und in dünne Scheiben schneiden. Die Fleischwurst in dünne Streifen schneiden. Die Äpfel abspülen, halbieren, vierteln und entkernen. Apfelviertel in dünne Spalten schneiden.

3 Die garen Nudeln in ein Sieb geben, mit kaltem Wasser abspülen, abtropfen und etwas abkühlen lassen. Die Nudeln mit Gurkenscheiben, Fleischwurststreifen, Apfelspalten und Sauce in einer großen Schüssel vermengen. Salat mit Salz und Pfeffer würzen, kurz durchziehen lassen. Salat zum Servieren evtl. mit Petersilie bestreuen.

Tipp

Wenn Sie den Salat nicht mit einem fertigen Nudelsalat zubereiten möchten, dann garen Sie 200 g Gabelspaghetti nach Packungsanleitung. Die garen Nudel mit kaltem Wasser abspülen, abtropfen und etwas abkühlen lassen. Für die Sauce 3 Esslöffel Salatmayonnaise mit 150 g Joghurt verrühren, mit Salz, Pfeffer, Zucker und Curry würzen. Die Nudeln und die restlichen Salatzutaten mit der Sauce vermengen.

Italienischer Raviolisalat

Zubereitungszeit: 25 Minuten, ohne Durchziehzeit

4 Portionen

Pro Portion: E: 17 g, F: 26 g, Kh: 41 g, kJ: 1976, kcal: 472, BE: 3,0

Zutaten

500 g frische Ravioli mit Käsefüllung (aus dem Kühlregal)

2 Stangen Staudensellerie
250 g Cocktailtomaten
2 rote Zwiebeln
etwa 25 schwarze Oliven, ohne Stein

Für die Sauce:
3 geh. TL Pesto (aus dem Glas)
3 EL Olivenöl
75 ml heiße Gemüsebrühe
Salz
frisch gemahlener Pfeffer
etwas Zitronensaft

40 g frisch gehobelter Parmesan-Käse

evtl. vorbereitete Basilikumblättchen

Zubereitung

1 Die frischen Ravioli nach Packungsanleitung in einem großen Topf zubereiten.

2 In der Zwischenzeit von dem Staudensellerie Wurzelende und welke Blätter entfernen, die harten Außenfäden abziehen. Die Stangen abspülen, abtropfen lassen und in Scheiben schneiden.

3 Die garen Ravioli in ein Sieb geben, mit kaltem Wasser abspülen und gut abtropfen lassen.

4 Tomaten abspülen, abtrocknen, halbieren und die Stängelansätze herausschneiden. Zwiebeln abziehen, halbieren und in Streifen schneiden. Oliven abtropfen lassen.

5 Für die Sauce Pesto mit Olivenöl und Brühe verschlagen, mit Salz, Pfeffer und Zitronensaft würzen.

6 Ravioli, Selleriescheiben, Tomatenhälften, Zwiebelstreifen und Oliven in eine Schüssel geben, mit der Sauce übergießen. Die Zutaten gut vermischen. Den Salat etwa 10 Minuten durchziehen lassen.

7 Den Salat vor dem Servieren mit Parmesan-Käse bestreuen und nach Belieben mit Basilikumblättchen garnieren.

Tipp

Für einen Reissalat italienischer Art das Rezept statt mit Ravioli mit 250 g Schnellkochreis oder fertig gegartem Reis (z. B. aus dem Folienbeutel) zubereiten.

Nudelsalat mit Parmaschinken und Melone

Zubereitungszeit: 20 Minuten, ohne Durchziehzeit

4 Portionen

Pro Portion: E: 18 g, F: 21 g, Kh: 59 g, kJ: 2114, kcal: 504, BE: 4,5

Zutaten

600–700 g frische, gefüllte Nudeln, z. B. Cappelletti Ricotta e Basilico

Für das Dressing:

4 EL Zitronensaft

1 TL mittelscharfer Senf

5–6 EL Olivenöl

Salz

frisch gemahlener Pfeffer

1 Prise Zucker

1 Knoblauchzehe

2 Frühlingszwiebeln

3 Tomaten

½ Zuckermelone, z. B. Galia

evtl. Zitronensaft

50 g Parmaschinken (in hauchdünne Scheiben geschnitten)

Zubereitung

1 Die gefüllten Nudeln nach Packungsanleitung in einem großen Topf zubereiten.

2 In der Zwischenzeit für das Dressing Zitronensaft mit Senf in einer großen Salatschüssel verrühren. Olivenöl unterschlagen. Dressing mit Salz, Pfeffer und Zucker würzen. Knoblauch abziehen, durch eine Knoblauchpresse drücken und unterrühren.

3 Die garen Nudeln in ein Sieb geben, mit kaltem Wasser abspülen und abtropfen lassen. Die Nudeln zum Dressing geben und untermischen. Den Salat kurz durchziehen lassen.

4 Frühlingszwiebeln putzen, abspülen, abtropfen lassen und in feine Scheiben schneiden. Tomaten abspülen, abtrocknen, halbieren und die Stängelansätze herausschneiden. Tomatenhälften in Würfel schneiden. Melonenhälfte entkernen, schälen und in Würfel schneiden.

5 Den Salat nochmals mit Salz, Pfeffer und evtl. Zitronensaft abschmecken. Frühlingszwiebelscheiben, Tomaten- und Melonenwürfel vorsichtig unterheben. Den Salat mit Parmaschinkenscheiben anrichten.

Tipps

Zuckermelone wird von einigen Obst- und Gemüsehändlern bereits fertig gewürfelt und verpackt angeboten. Alternativ schmecken auch Pfirsich- oder Aprikosenstücke aus der Dose in dem Salat.

Den Parmaschinken können Sie auch durch Mini-Mozzarella-Kugeln ersetzen.

Würziger Spätzle-Pfifferlings-Salat

Zubereitungszeit: 25 Minuten

4 Portionen

Pro Portion: E: 20 g, F: 8 g, Kh: 40 g, kJ: 1314, kcal: 313, BE: 3,0

Zutaten

2 l Gemüsebrühe

1 gestr. TL Salz

200 g Spätzle

Für die Vinaigrette:

1 Dose Pfifferlinge (Abtropfgewicht 225 g)

1 Stange Porree (Lauch)

2 EL Speiseöl, z. B. Rapsöl

175 ml Gemüsebrühe

3 EL Balsamico-Essig

1 TL körniger Senf

frisch gemahlener Pfeffer

200 g geräucherter Putenbrust-Aufschnitt

200 g Cocktailtomaten

1 Bund Petersilie

Zubereitung

1 Gemüsebrühe in einem großen Topf mit geschlossenem Deckel zum Kochen bringen. Dann Salz und Spätzle hinzugeben. Die Spätzle im geöffneten Topf bei mittlerer Hitze nach Packungsanleitung garen, dabei gelegentlich umrühren.

2 Für die Vinaigrette Pfifferlinge in einem Sieb abtropfen lassen. Porree putzen. Die Stange längs halbieren, gründlich waschen, abtropfen lassen und in sehr feine Streifen schneiden.

3 Die garen Spätzle in ein Sieb geben, mit kaltem Wasser abspülen und abtropfen lassen.

4 Speiseöl in einer Pfanne erhitzen. Porreestreifen und Pfifferlinge darin andünsten. Brühe hinzugießen. Essig und Senf unterrühren, mit Salz und Pfeffer würzen. Spätzle in einer großen Salatschüssel mit der Vinaigrette vermischen.

5 Putenbrust-Aufschnitt in Streifen schneiden. Tomaten abspülen, abtrocknen und halbieren. Stängelansätze herausschneiden. Petersilie abspülen und trocken tupfen. Die Blättchen von den Stängeln zupfen.

6 Putenbruststreifen, Tomatenhälften und Petersilienblättchen unter die Spätzle heben. Den Salat nochmals mit Salz, Pfeffer und evtl. etwas Essig abschmecken.

Tipp

Statt mit Spätzle können Sie diesen Salat natürlich auch mit Nudeln, z. B. Gabelspaghetti oder Penne, zubereiten.

Nudelsalat all'arrabbiata

Zubereitungszeit: 30 Minuten
3–4 Portionen
Pro Portion: E: 20 g, F: 22 g, Kh: 57 g, kJ: 2142, kcal: 512, BE: 4,5

Zutaten

2½ l Wasser
2½ gestr. TL Salz
250 g Nudeln, z. B. Maccheroni

1 Knoblauchzehe
80 g Bacon (Frühstücksspeck)
200 g Cocktailtomaten
15 schwarze Oliven, ohne Stein
einige Petersilienstängel

Für das Dressing:
150 g Joghurt
1 EL Tomatenmark
2 EL Balsamico- oder Weißweinessig
Salz
frisch gemahlener Pfeffer
1 Prise Zucker
1 Prise Chiliflocken oder Cayennepfeffer

50 g frisch gehobelter Parmesan-Käse

Zubereitung

1 Wasser in einem großen Topf mit geschlossenem Deckel zum Kochen bringen. Dann Salz und Nudeln hinzugeben. Die Nudeln im geöffneten Topf bei mittlerer Hitze nach Packungsanleitung kochen lassen, dabei gelegentlich umrühren.

2 Knoblauch abziehen und fein würfeln. Bacon in kleine Würfel schneiden. Baconwürfel in einer heißen Pfanne ohne Fett anbraten. Knoblauchwürfel kurz mit anbraten. Das Ganze aus der Pfanne nehmen und auf einen Teller geben.

3 Die garen Nudeln in ein Sieb geben, mit kaltem Wasser abspülen und abtropfen lassen. Nudeln in eine Schüssel geben.

4 Tomaten abspülen, trocken tupfen und halbieren. Stängelansätze herausschneiden. Oliven abtropfen lassen. Petersilie abspülen, trocken tupfen und die Blättchen von den Stängeln zupfen. Einige Blättchen zum Garnieren beiseitelegen. Restliche Blättchen fein hacken.

5 Für das Dressing Joghurt mit Tomatenmark und Essig verrühren, mit Salz, Pfeffer, Zucker und Chili oder Cayennepfeffer würzen. Das Dressing unter die Nudeln mischen. Tomatenhälften, Oliven, gehackte Petersilie und Bacon-Knoblauch-Mischung hinzugeben, unter den Nudelsalat mischen. Salat evtl. nochmals mit Essig, Salz, Pfeffer, Zucker und Chili oder Cayennepfeffer abschmecken.

6 Den Nudelsalat in einer Schüssel oder Schale anrichten, mit gehobeltem Parmesan-Käse bestreuen und mit den beiseite gelegten Petersilienblättchen garniert servieren.

Pikanter Nudelsalat mit Hähnchenfilet

Zubereitungszeit: 25 Minuten, ohne Durchziehzeit

4 Portionen

Pro Portion: E: 23 g, F: 20 g, Kh: 49 g, kJ: 1981, kcal: 473, BE: 4,0

Zutaten

2½ l Wasser

2½ gestr. TL Salz

250 g Nudeln, z. B. Mini-Penne

Für das Dressing:

4 EL Weißweinessig

4 EL heiße Gemüsebrühe

1 Msp. Chiliflocken

2–3 EL Sojasauce

6 EL Sojaöl

1 Knoblauchzehe

½ TL gemahlener Ingwer

3 Frühlingszwiebeln

1 Glas eingelegter Kürbis (Abtropfgewicht 200 g)

200 g gebratene Hähnchenfilet-Streifen (aus dem Kühlregal)

Salz

frisch gemahlener Pfeffer

2 EL gehackte, geröstete Erdnusskerne

Zubereitung

1 Wasser in einem großen Topf mit geschlossenem Deckel zum Kochen bringen. Dann Salz und Nudeln hinzugeben. Die Nudeln im geöffneten Topf bei mittlerer Hitze nach Packungsanleitung kochen lassen, dabei gelegentlich umrühren.

2 In der Zwischenzeit für das Dressing Essig mit Brühe, Chili und Sojasauce in einer großen Salatschüssel verrühren. Sojaöl unterschlagen. Knoblauch abziehen, durch eine Knoblauchpresse drücken, mit dem Ingwer unter das Dressing rühren.

3 Frühlingszwiebeln putzen, abspülen, abtropfen lassen, in feine Scheiben schneiden und unterrühren.

4 Die garen Nudeln in ein Sieb geben, mit kaltem Wasser abspülen und abtropfen lassen. Die Nudeln mit dem Dressing vermischen. Den Salat etwa 5 Minuten durchziehen lassen.

5 Kürbis in einem Sieb abtropfen lassen. Hähnchenfilet-Streifen und Kürbisstücke unter den Nudelsalat heben.

6 Den Nudelsalat mit Salz und Pfeffer abschmecken, mit Erdnusskernen bestreuen.

Tipps

Statt mit Mini-Penne kann der Salat auch mit Glasnudeln zubereitet werden. Dafür etwa 125 g feine Glasnudeln nach Packungsanleitung zubereiten, leicht abkühlen lassen und mit dem Dressing mischen. Salat kurz durchziehen lassen.

Den Salat evtl. auf fein geschnittenem Radicchio oder Chinakohl anrichten.

Süß-saurer Nudelsalat

Zubereitungszeit: 30 Minuten

4 Portionen

Pro Portion: E: 34 g, F: 7 g, Kh: 76 g, kJ: 2403, kcal: 574, BE: 6,0

Zutaten

2½ l Wasser

2½ gestr. TL Salz

250 g Gabelspaghetti

1 Dose Ananasstückchen (Abtropfgewicht 145 g)

2 Zwiebeln

2 Zucchini (je etwa 200 g)

300 ml Asia-Sauce Sweet-Chili

400 g Hähnchenbrustfilet

2 EL Speiseöl, z. B. Rapsöl

Salz

frisch gemahlener Pfeffer

1 Bund Schnittlauch

Zubereitung

1 Wasser in einem großen Topf mit geschlossenem Deckel zum Kochen bringen. Dann Salz und Nudeln hinzugeben. Die Nudeln im geöffneten Topf bei mittlerer Hitze nach Packungsanleitung kochen lassen, dabei gelegentlich umrühren.

2 Ananasstückchen in einem Sieb abtropfen lassen. Zwiebeln abziehen und in kleine Würfel schneiden. Zucchini abspülen, abtrocknen und die Enden abschneiden. Zucchini der Länge nach halbieren und in Scheiben schneiden.

3 Die garen Nudeln in ein Sieb geben, mit kaltem Wasser abspülen und abtropfen lassen. Nudeln in eine große Salatschüssel geben. Asia-Sauce untermischen und kurz durchziehen lassen.

4 In der Zwischenzeit Hähnchenbrustfilet unter fließendem kalten Wasser abspülen, trocken tupfen und in Würfel schneiden. Speiseöl in einer Pfanne erhitzen. Fleischwürfel darin von allen Seiten 5–8 Minuten braten, mit Salz und Pfeffer würzen. Zwiebelwürfel und Zucchinischeiben etwa 2 Minuten vor Ende der Bratzeit zu den Fleischwürfeln geben und mitbraten lassen.

5 Schnittlauch abspülen, trocken tupfen und in Röllchen schneiden. Die Hähnchenfleisch-Gemüse-Masse nochmals mit Salz und Pfeffer abschmecken, mit den Schnittlauchröllchen zu den Gabelspaghetti geben und untermischen.

Tipps

Servieren Sie diesen Salat mit fertig gekaufter, gebratener Hähnchen- oder Putenbrust in Scheiben (Kühlregal oder Aufschnitt-Theke). Dann müssen nur Zucchinischeiben und Zwiebelwürfel kurz angebraten werden.
Statt Zucchini können Sie auch bunte Paprikaschoten für diesen Salat verwenden.

Mozzarella-Nudel-Salat

Zubereitungszeit: 30 Minuten

4 Portionen

Pro Portion: E: 24 g, F: 31 g, Kh: 59 g, kJ: 2579, kcal: 617, BE: 4,5

Zutaten

2½ l Wasser

2½ gestr. TL Salz

250 g dreifarbige Farfalle (Schmetterlingsnudeln)

Für die Salatsauce:

6 EL Weißweinessig

Salz

1 TL Zucker

½ TL geschroteter Pfeffer

6 EL Olivenöl

2–3 EL Wasser

½ Topf Basilikum

2 EL gestiftelte Mandeln oder Pinienkerne

200 g Mozzarella

200 g Cocktailtomaten

150 g kleine Champignons

1 Dose Gemüsemais (Abtropfgewicht 285 g)

1 Kopf Radicchio

4 Frühlingszwiebeln

Zubereitung

1 Wasser in einem großen Topf mit geschlossenem Deckel zum Kochen bringen. Dann Salz und Nudeln hinzugeben. Die Nudeln im geöffneten Topf bei mittlerer Hitze nach Packungsanleitung kochen lassen, dabei gelegentlich umrühren.

2 In der Zwischenzeit für die Sauce Essig mit Salz, Zucker und Pfeffer gut verrühren. Olivenöl und Wasser nach und nach unterschlagen. Basilikum abspülen und trocken tupfen. Die Blättchen von den Stängeln zupfen. Blättchen klein schneiden und unter die Sauce rühren.

3 Die garen Nudeln in ein Sieb geben, mit kaltem Wasser abspülen, abtropfen und kurz abkühlen lassen. Mandeln oder Pinienkerne in einer Pfanne ohne Fett goldbraun rösten, herausnehmen und auf einem Teller erkalten lassen. Die Nudeln in eine große Salatschüssel geben. Die Sauce untermischen und kurz durchziehen lassen.

4 Mozzarella abtropfen lassen und in kleine Würfel schneiden. Tomaten abspülen, abtrocknen und halbieren. Stängelansätze herausschneiden. Champignons putzen, mit Küchenpapier abreiben, evtl. abspülen und trocken tupfen. Champignons halbieren.

5 Mais in einem Sieb abtropfen lassen. Radicchio putzen, vierteln, abspülen, abtropfen lassen und den Strunk herausschneiden. Radicchio in Streifen schneiden. Frühlingszwiebeln putzen, abspülen, abtropfen lassen und in feine Scheiben schneiden.

6 Mozzarella-Würfel, Tomaten-, Champignonhälften, Mais, Radicchiostreifen und Frühlingszwiebelscheiben mit den Nudeln vermengen. Nudelsalat nochmals mit Salz und Pfeffer abschmecken, mit Mandeln oder Pinienkernen bestreut servieren.

Tipp

Statt mit Mozzarella-Würfeln, die noch geschnitten werden müssen, können Sie den Salat auch mit Mini-Mozzarella-Kugeln anrichten.

Skandinavischer Nudelsalat

Zubereitungszeit: 20 Minuten, ohne Durchziehzeit

4 Portionen

Pro Portion: E: 20 g, F: 13 g, Kh: 54 g, kJ: 1762, kcal: 421, BE: 4,5

2½ l Wasser

2½ gestr. TL Salz

250 g Nudeln, z. B. Hörnchennudeln

6 EL heiße Gemüsebrühe

Salz

frisch gemahlener Pfeffer

1 Dose Gemüsemais
(Abtropfgewicht 140 g)

200 g gegarte, geschälte Garnelen

400 g Gurkensalat (aus dem Kühlregal)

1 Wasser in einem großen Topf mit geschlossenem Deckel zum Kochen bringen. Dann Salz und Nudeln hinzugeben. Die Nudeln im geöffneten Topf bei mittlerer Hitze nach Packungsanleitung kochen lassen, dabei gelegentlich umrühren.

2 Die garen Nudeln in ein Sieb geben, mit kaltem Wasser abspülen und abtropfen lassen. Nudeln mit Brühe in einer Salatschüssel mischen, mit Salz und Pfeffer würzen.

3 Mais in einem Sieb abtropfen lassen. Garnelen ebenfalls abtropfen lassen. Mais, Garnelen und Gurkensalat unter die Nudeln heben.

4 Den Salat etwa 5 Minuten durchziehen lassen. Dann den Salat nochmals mit Salz und Pfeffer abschmecken.

Abwandlung: Noch „frischer“ wird der Salat, wenn Sie den Gurkensalat selbst machen. Dazu 1 Salatgurke abspülen, abtrocknen oder schälen und die Enden abschneiden. Gurke in dünne Scheiben schneiden oder auf einer Haushaltsreibe hobeln. 2–3 Dillstängel abspülen und trocken tupfen. Die Spitzen von den Stängeln zupfen und klein schneiden. Dill mit 2 Esslöffeln saurer Sahne oder Schmand verrühren. Die Sauce mit Salz, Pfeffer und Zucker abschmecken und mit den Gurkenscheiben vermengen.

Tipp

Den Skandinavischen Nudelsalat nach Belieben mit frisch gehackten Dillspitzen abschmecken und mit kleinen Dillstängeln garniert servieren.

Nudelsalat mit Kasseler

Zubereitungszeit: 30 Minuten

4 Portionen

Pro Portion: E: 29 g, F: 29 g, Kh: 62 g, kJ: 2616, kcal: 626, BE: 5,0

Zutaten

3 l Wasser

3 gestr. TL Salz

300 g Makkaroni-Chips oder Maccheroni

200 g Kasseler-Braten-Aufschnitt

120 g Greyerzer-Käse, in Scheiben

2 Äpfel

1 EL Zitronensaft

Für die Salatsauce:

1 Becher (150 g) Crème légère

2 EL Salatmayonnaise

1 EL mittelscharfer Senf

1 EL Zitronensaft

Salz

frisch gemahlener Pfeffer

1 Prise Zucker

1–2 EL gehackte, glatte Petersilie

1 kleiner Radicchio

Zubereitung

1. Wasser in einem großen Topf mit geschlossenem Deckel zum Kochen bringen. Dann Salz und Nudeln hinzugeben. Nudeln im geöffneten Topf bei mittlerer Hitze nach Packungsanleitung kochen lassen, dabei gelegentlich umrühren.

2. Kasseler und Käse in Streifen oder kleine Stücke schneiden. Äpfel schälen, halbieren, entkernen und in kleine Würfel schneiden. Apfelwürfel mit Zitronensaft beträufeln.

3. Die garen Nudeln in ein Sieb geben, mit kaltem Wasser abspülen und abtropfen lassen.

4. Für die Sauce Crème légère mit Mayonnaise, Senf und Zitronensaft in einer großen Salatschüssel verrühren. Sauce mit Salz, Pfeffer und Zucker würzen. Petersilie unterrühren.

5. Nudeln und Apfelwürfel hinzugeben und untermengen. Den Salat etwa 5 Minuten durchziehen lassen.

6. In der Zwischenzeit Radicchio putzen, vierteln und den Strunk herausschneiden. Radicchio in einzelne Blätter zupfen. Radicchioblätter abspülen, gut abtropfen lassen oder trocken schleudern und in mundgerechte Stücke zupfen.

7. Radicchio, Kasseler- und Käsestreifen unter den Salat heben. Salat mit Salz und Pfeffer abschmecken.

Tipps

Wenn Sie keine Makkaroni-Chips oder Maccheroni bekommen, können Sie auch Makkaroni nehmen und diese vor dem Kochen in kleine Stücke brechen.
Mit den hier angegebenen Zutaten wie Kasseler, Käse und Salat können Sie auch blitzschnell einen fertig gekauften Nudelsalat „verlängern" und raffiniert verfeinern.

Glasnudel-Hähnchen-Salat

Zubereitungszeit: 25 Minuten

4 Portionen

Pro Portion: E: 27 g, F: 6 g, Kh: 53 g, kJ: 1608, kcal: 382, BE: 3,5

Zutaten

400 g Hähnchenbrustfilet
2 EL Sojasauce

200 g Glasnudeln

2 Knoblauchzehen
500 g Möhren
300 g Porree (Lauch)
1 rote Paprikaschote
2 EL Speiseöl, z. B. Sesamöl
Salz
frisch gemahlener Pfeffer
½ TL Sambal Oelek (Chili-Würzpaste)
½ TL gemahlener Ingwer
4–6 EL Limettensaft
1 TL brauner Zucker

Zubereitung

1 Hähnchenbrustfilet unter fließendem kalten Wasser abspülen, trocken tupfen und in etwa 2 cm große Würfel schneiden. Sojasauce unter die Fleischwürfel rühren.

2 Glasnudeln nach Packungsanleitung zubereiten, abgießen, mit kaltem Wasser abspülen und in einem Sieb abtropfen lassen. Nudeln evtl. etwas kleiner schneiden.

3 Knoblauch abziehen und in sehr kleine Würfel schneiden. Möhren putzen, schälen, abspülen, abtropfen lassen und in dünne Scheiben schneiden. Porree putzen, die Stangen längs halbieren, gründlich waschen, abtropfen lassen und in dünne Scheiben schneiden.

4 Paprikaschote halbieren, entstielen, entkernen und die weißen Scheidewände entfernen. Schotenhälften abspülen, abtropfen lassen und in feine Streifen schneiden.

5 Speiseöl in einer Pfanne erhitzen. Die Fleischwürfel darin von allen Seiten 4–5 Minuten braten, mit Salz und Pfeffer würzen. Fleischwürfel herausnehmen.

6 Knoblauchwürfel, Möhren- und Porreescheiben in dem verbliebenen Bratfett anbraten und einige Minuten dünsten. Gemüse mit Salz und Sambal Oelek würzen.

7 Die vorbereiteten Salatzutaten in einer Schüssel vermischen. Den Salat mit Salz, Pfeffer, Ingwer, Limettensaft und Zucker abschmecken.

Tipps

Noch rascher geht es, wenn Sie den Salat mit fertig gebratener Hähnchenbrust oder gegartem Hähnchenfleisch (z. B. einem Rest vom Vortag oder bereits fertig gekauft vom Metzger) zubereiten. Statt Porree schmeckt der Salat auch gut mit Frühlingszwiebeln, die nicht extra angebraten werden müssen.

Nudelsalat Armanida

Zubereitungszeit: 20 Minuten

3–4 Portionen

Pro Portion: E: 26 g, F: 41 g, Kh: 29 g, kJ: 2482, kcal: 593, BE: 2,0

Zutaten

2 Rostbratwürste (je etwa 90 g)

1 EL Speiseöl, z. B. Rapsöl

2 Stangen Staudensellerie

6 Frühlingszwiebeln

100 g roher Schinken

10 Sardellenfilets

2 hart gekochte Eier

400 g herzhafter Nudelsalat mit Schinkenwurst, Zwiebel und Mais (aus dem Kühlregal)

2 EL Weißweinessig

frisch gemahlener Pfeffer

einige Kopfsalatblätter

Zubereitung

1 Bratwürste in dünne Scheiben schneiden. Speiseöl in einer Pfanne erhitzen. Die Bratwurstscheiben darin kurz von beiden Seiten anbraten, herausnehmen und etwas abkühlen lassen.

2 Von dem Staudensellerie Wurzelende und welke Blätter entfernen, die harten Außenfäden abziehen. Die Stangen abspülen, abtropfen lassen und in dünne Scheiben schneiden.

3 Frühlingszwiebeln putzen, abspülen, abtropfen lassen und ebenfalls in dünne Scheiben schneiden. Schinken in kleine Stücke schneiden.

4 Sardellenfilets abtropfen lassen und grob hacken. Eier pellen und in Scheiben schneiden (nach Belieben einige Eierscheiben zum Garnieren beiseitelegen).

5 Den Nudelsalat in eine Schüssel geben. Sellerie-, Frühlingszwiebelscheiben, Schinkenstücke, Bratwurstscheiben und Sardellenfiletstückchen untermischen. Salat mit Essig und Pfeffer abschmecken. Zuletzt Eierscheiben unterheben.

6 Kopfsalatblätter abspülen und trocken tupfen. Eine Schale mit Kopfsalatblättern auslegen. Den Nudelsalat darauf anrichten und nach Belieben mit den beiseitegelegten Eierscheiben garnieren.

Tipp

Statt der Bratwurstscheiben können Sie auch etwa 250 g in feine Streifen geschnittenes Schweinefilet anbraten. Die Filetstreifen mit Salz und Pfeffer würzen, kurz abkühlen lassen und unter den Salat mischen.

Steirischer Kartoffelsalat

Zubereitungszeit: 25 Minuten

4 Portionen

Pro Portion: E: 14 g, F: 21 g, Kh: 28 g, kJ: 1529, kcal: 366, BE: 2,0

Zutaten

1 Glas eingelegter Kürbis (Abtropfgewicht 200 g)

750 g gegarte Pellkartoffeln

Für die Sauce:

150 ml heiße Gemüsebrühe

4 EL Kräuteressig

2 EL Speiseöl, z. B. Rapsöl

1 Prise Currypulver

Salz

frisch gemahlener Pfeffer

1 Prise Zucker

4 hart gekochte Eier

3 EL geröstete Kürbiskerne

2 EL Kürbiskernöl

Zubereitung

1 Kürbisstücke in einem Sieb abtropfen lassen. Pellkartoffeln pellen und in Scheiben schneiden (evtl. mit einem Eierschneider).

2 Für die Sauce Brühe mit Essig in einer großen Salatschüssel verrühren. Speiseöl unterschlagen. Sauce mit Curry, Salz, Pfeffer und Zucker würzen.

3 Kürbisstücke und Kartoffelscheiben unter die Sauce mischen. Den Salat etwa 5 Minuten durchziehen lassen.

4 Eier pellen und in Stücke schneiden. Den Kartoffelsalat nochmals mit Salz und Pfeffer abschmecken. Den Kartoffelsalat mit Eierstücken und Kürbiskernen anrichten, mit Kürbiskernöl beträufeln.

Abwandlung: Noch rascher ist der Salat zubereitet, wenn Sie etwa 800 g fertigen Kartoffelsalat mit Essig-Öl-Dressing mit den Kürbisstücken mischen. Den Salat dann mit Eierstücken, Kürbiskernen und Kürbiskernöl anrichten.

Tipp

Wer den Salat lieber etwas milder mag, verwendet nur 100 ml Brühe und mischt zusätzlich 1 Becher (150 g) Crème fraîche unter die Sauce.

Italienischer Salat mit Salami

Zubereitungszeit: 25 Minuten

4 Portionen

Pro Portion: E: 17 g, F: 27 g, Kh: 37 g, kJ: 1964, kcal: 469, BE: 2,5

Zutaten

1 Glas grüne Bohnen (Abtropfgewicht 350 g)

1 Dose weiße Bohnen (Abtropfgewicht 250 g)

750 g gegarte Pellkartoffeln

Für die Marinade:

125 ml ($^1/_8$ l) heiße Gemüsebrühe

4–6 EL Zitronensaft

1 Pck. TK-Italienische Kräuter (25 g)

6 EL Olivenöl

Salz

frisch gemahlener Pfeffer

2 rote Zwiebeln

2 Fleischtomaten

150 g Salami

Zitronensaft

Zubereitung

1 Grüne und weiße Bohnen in einem Sieb abtropfen lassen. Pellkartoffeln pellen, vierteln, in Stücke schneiden und in eine große Salatschüssel geben.

2 Für die Marinade Brühe mit Zitronensaft und Kräutern verrühren. Olivenöl unterschlagen. Die Marinade mit Salz und Pfeffer würzen, zu den Kartoffelstücken geben und gut untermischen. Bohnen unterheben. Den Salat etwa 5 Minuten durchziehen lassen.

3 In der Zwischenzeit Zwiebeln abziehen, halbieren und in Scheiben schneiden. Tomaten abspülen, trocken tupfen, vierteln und die Stängelansätze herausschneiden. Tomaten in Stücke schneiden.

4 Salami in kleine Würfel schneiden. Zwiebelringe, Tomatenstücke und Salamiwürfel unter den Kartoffelsalat heben. Salat mit Salz, Pfeffer und Zitronensaft abschmecken.

Tipps

Fertig gekauften Kartoffelsalat können Sie ebenfalls im Handumdrehen in diesen leckeren, italienisch angehauchten Salat verwandeln. Dafür etwa 800 g Kartoffelsalat mit Essig-Öl-Dressing (aus dem Kühlregal) mit den abgetropften Bohnen und den TK-Kräutern oder 2 Esslöffeln Pesto (aus einem Glas) mischen. Dann Zwiebelringe, Tomatenstücke und Salamiwürfel unterheben. Salat nochmals abschmecken. Etwas Zitronensaft gibt dem Salat eine fein fruchtige und frische Note.

Kartoffelsalat mit Limette und Forelle

(im Foto oben)

Zubereitungszeit: 15 Minuten
2 Portionen
Pro Portion: E: 15 g, F: 34 g, Kh: 35 g, kJ: 2142, kcal: 512, BE: 3,0

Zutaten

2 geräucherte Forellenfilets, ohne Haut (etwa 100 g)

1 Bio-Limette (unbehandelt, ungewachst)

etwa 4 Petersilienstängel

2 TL Sahnemeerrettich (aus dem Glas)

400 g Westfälischer Kartoffelsalat mit Ei und Gurke (aus dem Kühlregal)

Salz

frisch gemahlener Pfeffer

Zucker

Zubereitung

1 Forellenfilets in eine Schüssel geben. Filets mit einer Gabel fein zerpflücken. Limette heiß abwaschen, abtrocknen und die Schale abreiben. Limette halbieren und den Saft auspressen.

2 Petersilie abspülen, trocken tupfen und die Blättchen von den Stängeln zupfen. Blättchen fein hacken. Limettenschale, -saft, Sahnemeerrettich, Petersilie und Kartoffelsalat zu den zerpflückten Forellenfilets in die Schüssel geben. Die Zutaten gut vermischen. Salat mit Salz, Pfeffer und Zucker abschmecken.

Kartoffelsalat mit Tunfisch und Avocado

(im Foto unten)

Zubereitungszeit: 20 Minuten
3–4 Portionen
Pro Portion: E: 28 g, F: 48 g, Kh: 23 g, kJ: 2663, kcal: 636, BE: 1,5

Zutaten

1 Dose Tunfisch in Öl (Abtropfgewicht 150 g)

2 Avocados

4 Frühlingszwiebeln

1 Bio-Zitrone (unbehandelt, ungewachst)

400 g Kartoffelsalat mit Crème fraîche und Zwiebeln (aus dem Kühlregal)

Salz

frisch gemahlener Pfeffer

Zucker

Zubereitung

1 Tunfisch in einem Sieb abtropfen lassen und mit einer Gabel in Stücke zupfen. Avocados der Länge nach halbieren und jeweils den Stein herauslösen. Avocados schälen, in dünne Scheiben schneiden.

2 Frühlingszwiebeln putzen, abspülen, abtropfen lassen und in dünne Scheiben schneiden. Zitrone heiß abwaschen, abtrocknen und die Schale abreiben. Zitrone halbieren und den Saft auspressen.

3 Kartoffelsalat, Tunfischstücke, Avocado-, Frühlingszwiebelscheiben, Zitronenschale und -saft in einer Schüssel vorsichtig vermischen. Den Kartoffelsalat mit Salz, Pfeffer und Zucker abschmecken.

Tipp

Den Salat nach Belieben mit Limettenscheiben garniert servieren.

Tipp

Den Salat portionsweise in Salatschälchen, ausgelegt mit grünen Salatblättern, anrichten.

Kartoffel-Schinken-Salat

Zubereitungszeit: 25 Minuten

4 Portionen

Pro Portion: E: 15 g, F: 22 g, Kh: 30 g, kJ: 1614, kcal: 386, BE: 2,0

Für die Sauce:

200 ml heiße Gemüsebrühe
4 EL Kräuteressig
6 EL Speiseöl, z. B. Rapsöl
Salz
frisch gemahlener Pfeffer
1 Prise Zucker

750 g gegarte Pellkartoffeln
1 Pck. TK-Schnittlauchröllchen (25 g)

2 gelbe Paprikaschoten
175 g gekochter Schinken, in Scheiben
4 EL schwarze Oliven, ohne Stein

1 Für die Sauce Brühe mit Essig in einer großen Salatschüssel verrühren. Speiseöl unterschlagen. Die Sauce mit Salz, Pfeffer und Zucker würzen.

2 Pellkartoffeln pellen, in Würfel schneiden und mit den Schnittlauchröllchen unter die Sauce mischen. Den Salat etwa 5 Minuten durchziehen lassen, dabei gelegentlich umrühren.

3 In der Zwischenzeit Paprikaschoten halbieren, entstielen, entkernen und die weißen Scheidewände entfernen. Schotenhälften abspülen, abtropfen lassen und in Würfel schneiden. Schinken in kleine Stücke schneiden. Oliven abtropfen lassen und in Ringe schneiden.

4 Paprikawürfel, Schinkenstücke und Olivenringe unter den Kartoffelsalat heben. Salat nochmals mit Salz, Pfeffer und Essig abschmecken.

Abwandlung: Statt der Schinkenwürfel 1 Dose Tunfisch in Öl (Abtropfgewicht 150 g) abtropfen lassen, auseinanderzupfen und mit je 1 kleinen Dose abgetropftem Gemüsemais und Kenia-Böhnchen (Abtropfgewicht 140 g) unter den Salat heben.

Tipps

Macht Kindern besonderen Spaß:
Statt des gekochten Schinkens Mini-Würstchen und statt der Oliven Gemüsemais unter den Salat heben.
Noch rascher steht der Salat auf dem Tisch, wenn Sie etwa 800 g fertigen Kartoffelsalat mit Essig-Öl-Dressing (aus dem Kühlregal) auf die gleiche Weise mit Schnittlauchröllchen, Paprikawürfeln, Schinkenstücken und Olivenringen verfeinern.

Warmer Kartoffelsalat (im Foto unten)

Zubereitungszeit: 25 Minuten
4 Portionen
Pro Portion: E: 11 g, F: 2 g, Kh: 34 g, kJ: 867, kcal: 208, BE: 2,5

Zutaten

1 kg gegarte Pellkartoffeln

Für die Salatmarinade:

2 Zwiebeln
125 g gewürfelter Schinkenspeck
200 ml heiße Gemüsebrühe
4–5 EL Kräuteressig
Salz
frisch gemahlener Pfeffer
1 Prise Zucker
Kräuteressig

2 EL Schnittlauchröllchen

Zubereitung

1 Pellkartoffeln pellen und in Scheiben schneiden (evtl. mit einem Eierschneider).

2 Für die Marinade Zwiebeln abziehen und in kleine Würfel schneiden. Schinkenspeckwürfel in einer großen Pfanne ohne Fett ausbraten, aus der Pfanne nehmen und auf Küchenpapier abtropfen lassen.

3 Zwiebelwürfel und Brühe zum Bratfett in die Pfanne geben und kurz aufkochen lassen. Essig unterrühren. Die Marinade mit Salz und Pfeffer abschmecken. Kartoffelscheiben in die Pfanne geben, mit der Marinade vermengen und einige Minuten auf der ausgeschalteten Kochstelle ziehen lassen.

4 Den Salat nochmals mit Salz, Pfeffer, Zucker und Essig abschmecken. Den Kartoffelsalat mit Schinkenspeckwürfeln und Schnittlauchröllchen bestreut servieren.

Kartoffelsalat mit Mayonnaise (im Foto oben)

Zubereitungszeit: 25 Minuten, ohne Durchziehzeit
4 Portionen
Pro Portion: E: 10 g, F: 31 g, Kh: 30 g, kJ: 1836, kcal: 439, BE: 2,5

Zutaten

750 g gegarte Pellkartoffeln
2 Zwiebeln
200 g Gewürzgurken (aus dem Glas)
3 hart gekochte Eier

Für die Salatsauce:

200 g Salatmayonnaise
etwa 3 EL Gurkenflüssigkeit
1 Prise Zucker
Salz, frisch gemahlener Pfeffer

Zubereitung

1 Kartoffeln pellen, in Scheiben schneiden und in eine Schüssel geben. Zwiebeln abziehen und in kleine Würfel schneiden.

2 Gurken abtropfen lassen, in Würfel oder Scheiben schneiden. Eier pellen und in Würfel schneiden. Eier-, Zwiebel- und Gurkenwürfel mit den Kartoffelscheiben vermengen.

3 Für die Salatsauce Mayonnaise mit Gurkenflüssigkeit verrühren, mit Zucker, Salz und Pfeffer abschmecken. Sauce mit den Salatzutaten vermengen. Salat im Kühlschrank etwas durchziehen lassen. Salat vor dem Servieren nochmals mit Salz und Pfeffer abschmecken.

Kartoffelsalat nach griechischer Art

Zubereitungszeit: 20 Minuten

4 Portionen

Pro Portion: E: 12 g, F: 20 g, Kh: 46 g, kJ: 1767, kcal: 418, BE: 3,5

Zutaten

2 EL Speiseöl, z. B. Olivenöl

800 g küchenfertig vorbereitete Bratkartoffeln (aus dem Nährmittel- oder Kühlregal)

150 g TK-Erbsen

3 EL Zitronensaft

3 milde, eingelegte, grüne Pfefferschoten (aus dem Glas)

2 eingelegte, abgezogene Paprikahälften (aus dem Glas)

75 g schwarze Oliven, ohne Stein

200 g Tsatsiki (aus dem Kühlregal)

100 g Joghurt

1 TL gehackte Dillspitzen

Salz

frisch gemahlener Pfeffer

Zubereitung

1 Speiseöl in einer großen Pfanne erhitzen. Die Bratkartoffeln darin verteilen und etwa 4 Minuten bei mittlerer Hitze ohne Wenden braten. Dann die Bratkartoffeln umdrehen und weitere etwa 4 Minuten knusprig braun braten.

2 Die Bratkartoffeln aus der Pfanne nehmen und in eine Salatschüssel geben. Die gefrorenen Erbsen hinzugeben und untermischen. Bratkartoffel-Erbsen-Mischung mit Zitronensaft beträufeln und etwa 5 Minuten abkühlen lassen.

3 In der Zwischenzeit Pfefferschoten und Paprikahälften in einem Sieb abtropfen lassen, in kleine Stücke schneiden. Oliven ebenfalls abtropfen lassen.

4 Tsatsiki mit Joghurt und Dillspitzen verrühren und etwa zwei Drittel davon unter die Kartoffel-Erbsen-Mischung geben. Pfefferschoten-, Paprikastücke und Oliven vorsichtig unterheben.

5 Den Salat mit Salz und Pfeffer abschmecken. Restliche Tsatsiki-Jogurt-Sauce in Klecksen daraufgeben. Den Salat sofort servieren.

Abwandlung: Den Salat können Sie natürlich auch mit klassischen Pellkartoffeln (etwa 750 g) zubereiten. Die gegarten Kartoffeln pellen, in Scheiben schneiden, mit den angegebenen Salatzutaten und der Tsatsiki-Jogurt-Sauce mischen.

Tipps

Den Salat mit den restlichen eingelegten, grünen Pfefferschoten aus dem Glas garnieren.
Auch köstlich: Den Salat mit Country-Kartoffelspalten (nach Packungsanleitung gegart) zubereiten.

Salat von Erdäpfeln

Zubereitungszeit: 30 Minuten

4 Portionen

Pro Portion: E: 7 g, F: 8 g, Kh: 40 g, kJ: 1122, kcal: 267, BE: 3,0

Zutaten

1 kg gegarte Pellkartoffeln

Für die Marinade:

2 Zwiebeln

125 ml (1/8 l) Gemüsebrühe

4–5 EL Kräuteressig

Salz

frisch gemahlener Pfeffer

1 Prise Zucker

1 Salatgurke

4 Tomaten

1 Bund Schnittlauchröllchen

3 EL Speiseöl, z. B. Rapsöl

Zubereitung

1 Pellkartoffeln pellen, in Scheiben schneiden (evtl. mit einem Eierschneider) und in eine große Salatschüssel geben.

2 Für die Marinade Zwiebeln abziehen und in kleine Würfel schneiden. Zwiebelwürfel und Brühe in einem Topf kurz aufkochen. Den Topf von der Kochstelle nehmen. Essig unterrühren. Die Marinade mit Salz, Pfeffer und Zucker abschmecken, mit den Kartoffelscheiben vermengen. Kartoffelscheiben einige Minuten durchziehen lassen.

3 Gurke abspülen und abtrocknen oder evtl. schälen, die Enden abschneiden. Gurke in gleichmäßig dünne Scheiben schneiden oder auf einem Gemüsehobel in Scheiben hobeln.

4 Tomaten abspülen, trocken tupfen, halbieren und die Stängelansätze herausschneiden. Tomatenhälften in Würfel schneiden. Schnittlauch abspülen, trocken tupfen und in Röllchen schneiden.

5 Speiseöl unter die marinierten Kartoffelscheiben rühren. Gurkenscheiben unterheben. Salat nochmals mit Salz, Pfeffer und Essig abschmecken, mit Tomatenwürfeln und Schnittlauchröllchen anrichten.

Tipps

Dazu schmecken z. B. pochierte oder wachsweich gekochte Eier.
Rühren Sie noch 1–2 Esslöffel grünes oder rotes Pesto unter den Salat und richten ihn auf einer Mischung aus Rucola- und Radicchiosalat an. So bekommt der Salat blitzschnell eine italienische Note.
Oder auf skandinavisch frische Art: Den Salat mit fein gehacktem Dill und gegarten, geschälten Riesengarnelen anrichten.

Geschichteter Heringssalat

Zubereitungszeit: 25 Minuten, ohne Durchziehzeit

4 Portionen

Pro Portion: E: 20 g, F: 45 g, Kh: 40 g, kJ: 2716, kcal: 650, BE: 3,5

Zutaten

750 g gegarte Pellkartoffeln

4–6 hart gekochte Eier

2 mittelgroße Zwiebeln

1 Glas Rote Bete in Scheiben (Abtropfgewicht 220 g)

3 mittelgroße Gewürzgurken

Für das Dressing:

3 geh. EL Salatmayonnaise

200 g saure Sahne

Salz

frisch gemahlener Pfeffer

etwas Zucker

400 g roter Heringssalat (aus dem Kühlregal)

Zubereitung

1 Pellkartoffeln pellen und in Scheiben schneiden (evtl. mit einem Eierschneider). Eier pellen, achteln oder vierteln. Zwiebeln abziehen, halbieren und in feine Streifen schneiden.

2 Rote Bete in einem Sieb abtropfen lassen. Gurken ebenfalls abtropfen lassen und in Scheiben schneiden.

3 Für das Dressing Mayonnaise mit saurer Sahne verrühren, mit Salz, Pfeffer und Zucker würzen. Heringssalat untermischen.

4 Die vorbereiteten Zutaten im Wechsel mit dem angemachten Heringssalat in 4 große Gläser schichten und etwa 10 Minuten durchziehen lassen.

Abwandlung: Knackig und frisch schmeckt der Salat auch mit einer frischen Gurke. Wer den Geschmack von der roten Bete nicht so schätzt, greift einfach zu klassischem Herings- oder Matjessalat mit hellem Dressing.

Kartoffelsalat „Texicana“

Zubereitungszeit: 25 Minuten, ohne Durchziehzeit

4 Portionen

Pro Portion: E: 22 g, F: 34 g, Kh: 48 g, kJ: 2160, kcal: 581, BE: 4,0

Zutaten

1 Dose Mais-Bohnen-Mix mit Paprikastückchen (Abtropfgewicht 280 g)

1 Dose Kidneybohnen (Abtropfgewicht 250 g)

Für die Sauce:

125 ml ($^{1}/_{8}$ l) heiße Gemüsebrühe

100 g Schmand (Sauerrahm)

3 EL Speiseöl, z. B. Rapsöl

Salz

frisch gemahlener Pfeffer

1 Prise Zucker

1 EL Barbecue-Gewürz

750 g gegarte Pellkartoffeln

1 Bund Schnittlauch

250 g Mini-Würstchen

3 EL Röstzwiebeln (aus der Packung)

Zubereitung

1 Mais-Bohnen-Mix und Kidneybohnen in ein Sieb geben, mit kaltem Wasser abspülen und gut abtropfen lassen.

2 Für die Sauce Brühe und Schmand in einer großen Salatschüssel verrühren. Speiseöl unterschlagen. Sauce mit Salz, Pfeffer, Zucker und Barbecue-Gewürz abschmecken.

3 Pellkartoffeln pellen und in Scheiben schneiden. Kartoffelscheiben mit dem Mais-Bohnen-Mix und den Kidneybohnen unter die Sauce mischen. Den Kartoffelsalat etwa 5 Minuten durchziehen lassen, dabei gelegentlich umrühren.

4 Schnittlauch abspülen, trocken tupfen und in Röllchen schneiden. Mini-Würstchen und Schnittlauchröllchen unter den Kartoffelsalat heben. Den Salat nochmals mit Salz, Pfeffer und Barbecue-Gewürz abschmecken. Den Kartoffelsalat mit Röstzwiebeln bestreut servieren.

Abwandlung: Auch ein fertig gekaufter Kartoffelsalat mit Mayonnaise-Dressing lässt sich mit dem Mais-Bohnen-Mix, den Kidneybohnen, den Würstchen, dem Gewürz und den Röstzwiebeln schnell verwandeln.

Tipps

Servieren Sie den Salat zusätzlich mit dem restlichen Schmand.

Statt Mini-Würstchen machen sich auch Cabanossi-Scheiben oder Mini-Frikadellen gut in diesem Salat.

Wer das Barbecue-Gewürz nicht zur Hand hat, kann auch Cayennepfeffer verwenden und schmeckt den Salat feurig ab.

Warmer Kartoffelsalat mit Bärlauch

Zubereitungszeit: 30 Minuten

4 Portionen

Pro Portion: E: 28 g, F: 15 g, Kh: 26 g, kJ: 1491, kcal: 357, BE: 2,0

Zutaten

750 g gegarte Pellkartoffeln
1 Bund Bärlauch (etwa 25 g)
2 Zwiebeln oder Schalotten

200 ml Gemüsebrühe
2 EL Weißweinessig
4 EL Olivenöl
Salz
frisch gemahlener Pfeffer

400 g Hähnchenbrustfilet
2 EL Olivenöl zum Braten
Salz
2 EL Schmand (Sauerrahm)

Zubereitung

1 Kartoffeln pellen, in Scheiben schneiden und in eine große Schüssel geben.

2 Bärlauchblätter abspülen, trocken tupfen und in feine Streifen schneiden. Zwiebeln oder Schalotten abziehen und in kleine Würfel schneiden. Bärlauchstreifen, Zwiebel- oder Schalottenwürfel zu den Kartoffelscheiben geben.

3 Brühe mit Essig und Olivenöl in einem Topf erhitzen, mit Salz und Pfeffer würzen. Die Brühe über die Salatzutaten gießen und vorsichtig mischen. Den Salat kurz durchziehen lassen.

4 In der Zwischenzeit Hähnchenbrustfilet unter fließendem kalten Wasser abspülen, trocken tupfen und in Würfel schneiden. Olivenöl in einer Pfanne erhitzen. Hähnchenbrustwürfel darin von allen Seiten 5–8 Minuten braten, mit Salz und Pfeffer würzen.

5 Den Kartoffelsalat evtl. in der Mikrowelle nochmals kurz erhitzen und vorsichtig umrühren. Hähnchenbrustwürfel auf dem Salat verteilen. Schmand verrühren, dazureichen oder in Klecksen auf den Kartoffelsalat geben.

Tipp

Den Kartoffelsalat nach Belieben mit Bärlauchstängeln mit Blütenansätzen garniert servieren.

Kartoffelsalat mit Pesto

Zubereitungszeit: 20 Minuten, ohne Durchziehzeit

4 Portionen

Pro Portion: E: 6 g, F: 16 g, Kh: 33 g, kJ: 1327, kcal: 316, BE: 3,0

Zutaten

750 g kleine, gegarte Pellkartoffeln

75 g getrocknete Tomaten, in Öl eingelegt

Für das Dressing:

3–4 EL Öl (von den getrockneten Tomaten)

Saft von 1 Zitrone

2–3 EL Pesto (aus dem Glas)

Salz

frisch gemahlener Pfeffer

etwas Zucker

Zubereitung

1 Die Kartoffeln mit Schale je nach Größe evtl. halbieren oder vierteln. Tomaten in einem Sieb abtropfen lassen, dabei das Öl auffangen und 3–4 Esslöffel abmessen. Getrocknete Tomaten in Streifen schneiden.

2 Für das Dressing aufgefangenes Öl, Zitronensaft und Pesto in einer großen Salatschüssel verschlagen. Dressing mit Salz, Pfeffer und Zucker abschmecken. Kartoffeln und Tomatenstreifen hinzugeben und untermischen.

3 Den Salat etwa 1 Stunde durchziehen lassen, dann den Kartoffelsalat nach Belieben in hohen Gläsern anrichten.

Variante: Für einen **Kartoffel-Pesto-Salat mit Gemüse** (im Titelfoto hinten) 750 g gegarte Pellkartoffeln pellen, in Scheiben schneiden und in eine große Schüssel geben. 125 g Cocktailtomaten abspülen, abtrocknen, halbieren und die Stängelansätze herausschneiden. 1 rote Paprikaschote halbieren, entstielen, entkernen und die weißen Scheidewände entfernen. Schote abspülen, abtropfen lassen und in Rauten oder Würfel schneiden. Von 1 Stange Staudensellerie das Wurzelende abschneiden und welke Blätter entfernen, die harten Außenfäden abziehen. Die Stange abspülen, abtropfen lassen und in Scheiben schneiden. Tomatenhälften, Paprikastücke und Selleriescheiben unter die Kartoffelscheiben mischen. Etwa 3 Esslöffel grünes Pesto unterrühren. Den Salat mit Salz, Pfeffer und evtl. etwas Olivenöl abschmecken. Salat kurz durchziehen lassen. Zum Servieren den Salat mit gerösteten Pinienkernen und Basilikum bestreuen.

Tipps

Wer mag, reichert den Salat mit Mini-Mozzarella-Kugeln an. Eine köstliche Party-Idee oder auch ein leckerer, unkomplizierter Salat für ein Picknick.

Kartoffelsalat mit Senfdressing und Käse

(im Foto oben)

Zubereitungszeit: 25 Minuten
4 Portionen
Pro Portion: E: 29 g, F: 10 g, Kh: 29 g, kJ: 1357, kcal: 325, BE: 2,5

Für das Senfdressing:

150 g Schmand (Sauerrahm)
100 g Joghurt
2–3 EL körniger Senf
Salz, frisch gemahlener Pfeffer
1 Prise Zucker

750 g gegarte Pellkartoffeln
1 TL TK-Schnittlauchröllchen
1 Bund Radieschen
300 g Harzer-Käse

1 Für das Dressing Schmand mit Joghurt und Senf in einer großen Salatschüssel verrühren. Dressing mit Salz, Pfeffer und Zucker abschmecken.

2 Pellkartoffeln pellen, in Würfel schneiden und mit den Schnittlauchröllchen unter das Dressing mischen. Den Salat etwa 5 Minuten durchziehen lassen, dabei gelegentlich umrühren.

3 In der Zwischenzeit Radieschen putzen, waschen, trocken tupfen und in dünne Scheiben schneiden. Harzer-Käse in grobe Würfel schneiden. Radieschenscheiben und Käsewürfel unter den Kartoffelsalat heben. Den Salat nochmals mit Salz, Pfeffer und Senf abschmecken.

Kartoffel-Käse-Salat (im Foto unten)

Zubereitungszeit: 25 Minuten
4 Portionen
Pro Portion: E: 18 g, F: 25 g, Kh: 32 g, kJ: 1807, kcal: 432, BE: 2,5

600 g gegarte Pellkartoffeln
1 Zwiebel
2–3 EL Weißweinessig
175 ml Gemüsebrühe
150 g TK-Erbsen
½ Bund Radieschen
1 kleinen Salatkopf, z. B. Römer- oder Friséesalat
150 g gestiftelter Käse (z. B. Allgäuer Emmentaler)

200 g Joghurt-Salat-Creme

1 Pellkartoffeln pellen und in dünne Scheiben schneiden. Zwiebel abziehen und fein würfeln. Essig, Brühe und Zwiebelwürfel in einem Topf zum Kochen bringen. Gefrorene Erbsen hinzugeben. Die Erbsen-Brühe-Mischung auf den Kartoffelscheiben verteilen und etwa 10 Minuten durchziehen lassen.

2 In der Zwischenzeit Radieschen putzen, waschen, trocken tupfen und in feine Streifen schneiden. Salat putzen und die äußeren, welken Blätter entfernen. Salatblätter vom Strunk zupfen, waschen, gut abtropfen lassen oder trocken schleudern. Einige Blätter beiseitelegen.

3 Restliche Salatblätter in mundgerechte Stücke zupfen, unter die marinierten Kartoffelscheiben heben. Vier Teller mit den beiseite gelegten Salatblättern auslegen. Kartoffelsalat mit Radieschenstreifen und Käsestiften darauf anrichten. Joghurt-Salat-Creme darauf verteilen.

Tipp

Besonders lecker schmeckt dieser Salat mit gerösteten Sonnenblumenkernen.

Kartoffelsalat à la Toscana

Zubereitungszeit: 20 Minuten

4 Portionen

Pro Portion: E: 7 g, F: 16 g, Kh: 29 g, kJ: 1217, kcal: 292, BE: 2,5

Zutaten

Für die Sauce:

175 ml heiße Gemüsebrühe

4 EL Zitronensaft

3 EL Olivenöl

Salz

frisch gemahlener Pfeffer

1 Prise Zucker

750 g gegarte Pellkartoffeln

300 g gemischte Antipasti, z. B. Pilze, Artischocken, Zucchini, Zwiebeln, Tomaten

etwa 6 Basilikumstängel

40 g frisch geraspelter Parmesan-Käse

Zubereitung

1 Für die Sauce Brühe mit Zitronensaft in einer großen Salatschüssel verrühren. Olivenöl unterschlagen. Sauce mit Salz, Pfeffer und Zucker würzen.

2 Pellkartoffeln pellen, in Spalten schneiden und unter die Sauce mischen. Den Salat etwa 5 Minuten durchziehen lassen, dabei gelegentlich umrühren.

3 In der Zwischenzeit Antipasti-Gemüse in einem Sieb abtropfen lassen. Größere Stücke evtl. klein schneiden. Antipasti-Gemüse unter den Kartoffelsalat heben. Salat mit Salz und Pfeffer abschmecken.

4 Basilikum abspülen und trocken tupfen. Die Blättchen von den Stängeln zupfen. Blättchen evtl. in grobe Streifen schneiden.

5 Den Salat auf einer Platte anrichten, mit geraspeltem Parmesan-Käse und Basilikum bestreuen.

Tipps

Wer mag, reicht zum Salat Parmaschinken in hauchdünnen Scheiben.

Noch rascher steht der Salat auf dem Tisch, wenn Sie etwa 800 g fertigen Kartoffelsalat mit Essig-Öl-Dressing (aus dem Kühlregal) auf die gleiche Weise mit dem Antipasti-Gemüse verfeinern und mit Zitronensaft und Basilikum anrichten.

Kartoffel-Bohnen-Salat mit Tunfisch

Zubereitungszeit: 25 Minuten

4 Portionen

Pro Portion: E: 14 g, F: 22 g, Kh: 33 g, kJ: 1636, kcal: 391, BE: 2,0

Zutaten

750 g gegarte Pellkartoffeln

75 ml heiße Gemüsebrühe

6 EL Zitronensaft

1 Prise Zucker

Salz

frisch gemahlener Pfeffer

6 EL Olivenöl

1 Dose feine, grüne Bohnen (Abtropfgewicht 180–220 g)

1 Dose Tunfisch in Öl (Abtropfgewicht 150 g)

2 große Fleischtomaten

1 rote Zwiebel

1 Salatgurke

Zubereitung

1 Pellkartoffeln pellen, in Würfel schneiden und mit der heißen Brühe in einer großen Salatschüssel mischen.

2 Zitronensaft mit Zucker, Salz, Pfeffer und Olivenöl verschlagen und unter die Kartoffelwürfel mischen, kurz durchziehen lassen.

3 Bohnen in einem Sieb gut abtropfen lassen. Tunfisch ebenfalls abtropfen lassen. Tomaten abspülen, trocken tupfen, halbieren, evtl. entkernen und die Stängelansätze herausschneiden. Tomatenhälften in Würfel schneiden.

4 Zwiebel abziehen. Gurke schälen und die Enden abschneiden. Zwiebel und Gurke ebenfalls in Würfel schneiden. Die vorbereiteten Salatzutaten zu den Kartoffelwürfeln geben und untermischen.

5 Tunfisch mit einer Gabel auseinanderzupfen. Den Salat mit Tunfisch anrichten.

Abwandlung: 1–2 Teelöffel Pesto (ital. Basilikum-Würzpaste) verleihen dem Salat eine mediterrane Note. Wer den Salat lieber vegetarisch servieren möchte, lässt den Tunfisch weg und serviert stattdessen Feta-Würfel dazu.

Südfranzösischer Kartoffelsalat

Zubereitungszeit: 25 Minuten

4 Portionen

Pro Portion: E: 21 g, F: 33 g, Kh: 30 g, kJ: 2149, kcal: 515, BE: 2,0

Zutaten

750 g gegarte Pellkartoffeln

125 ml ($^{1}/_{8}$ l) heiße Gemüsebrühe

1 Dose Artischockenherzen
(Abtropfgewicht 240 g)

1 Glas Spargelstücke
(Abtropfgewicht 270 g)

4 Stangen Staudensellerie

Für die Salatsauce:

100 g Salatmayonnaise

4 EL trockener Weißwein

1 TL Dijon-Senf

Salz

frisch gemahlener Pfeffer

½ TL gerebelter Majoran

250 g schnittfester Ziegen-Gouda-Käse

Zubereitung

1 Pellkartoffeln pellen, halbieren, in Spalten schneiden und in eine große Salatschüssel geben. Brühe hinzugeben und untermischen. Kartoffelspalten kurz durchziehen lassen.

2 Artischockenherzen und Spargelstücke in einem Sieb abtropfen lassen. Von dem Staudensellerie Wurzelende und Blätter entfernen. Einige Blättchen zum Garnieren beiseitelegen. Von den Stangen die harten Außenfäden abziehen. Die Stangen abspülen, abtropfen lassen und in Scheiben schneiden.

3 Für die Sauce Mayonnaise mit Wein und Senf verrühren, mit Salz, Pfeffer und Majoran würzen. Die Sauce zu den Kartoffelspalten geben und untermischen.

4 Käse in Würfel schneiden. Artischockenherzen halbieren, mit Spargelstücken, Selleriescheiben und Käsewürfeln unter den Kartoffelsalat mischen. Den Kartoffelsalat nochmals mit Salz, Pfeffer und Senf abschmecken.

5 Beiseite gelegte Sellerieblätter abspülen, trocken tupfen und den Salat damit garniert servieren.

Tipps

Statt mit Senf können Sie die Sauce auch mit einem Hauch Currypulver verfeinern.
Besonders edel wird der Salat mit gekochten Wachteleiern oder gegarten Garnelen.
Für den Salat können statt der Artischockenherzen auch feine Kenia-Böhnchen aus der Dose verwendet werden.

Pikanter Kartoffel-Curry-Salat (im Foto oben)

Zubereitungszeit: 20 Minuten

4 Portionen

Pro Portion: E: 16 g, F: 29 g, Kh: 59 g, kJ: 2417, kcal: 578, BE: 5,0

Zutaten

2 Gläser Heringshappen in Curry-Dressing (je 250 g Füllmenge)

150 g saure Sahne

Salz, frisch gemahlener Pfeffer

1 Prise Zucker

750 g gegarte Pellkartoffeln

½ Pck. TK-Dill (etwa 12,5 g)

125 g TK-Erbsen

1 Dose Mandarinen (Abtropfgewicht 175 g)

Currypulver

Zubereitung

1 Heringssalat mit der sauren Sahne vorsichtig in einer großen Salatschüssel verrühren, mit Salz, Pfeffer und Zucker würzen.

2 Pellkartoffeln pellen, in Spalten schneiden, mit Dill und den unaufgetauten Erbsen unter den Heringssalat heben. Den Salat etwa 5 Minuten durchziehen lassen, dabei gelegentlich umrühren.

3 In der Zwischenzeit Mandarinen in einem Sieb abtropfen lassen. Mandarinen vorsichtig unter den Kartoffel-Curry-Salat heben. Salat nochmals mit Salz, Pfeffer und Curry abschmecken.

Kartoffelsalat mit Frischkäse-Dressing (im Foto unten)

Zubereitungszeit: 25 Minuten

4 Portionen

Pro Portion: E: 20 g, F: 17 g, Kh: 27 g, kJ: 1429, kcal: 341, BE: 2,0

Zutaten

Für das Dressing:

200 ml Gemüsebrühe

2 EL Weißweinessig

1 EL mittelscharfer Senf

5 EL Speiseöl, z. B. Olivenöl

150 g fettreduzierter Kräuter-Frischkäse

Salz, frisch gemahlener Pfeffer

750 g gegarte, kleine Pellkartoffeln

1 großes Bund oder 1 Topf Brunnenkresse

200 g Räucherlachs (in Scheiben)

Zubereitung

1 Für das Dressing Brühe mit Essig und Senf in einer großen Salatschüssel verrühren. Speiseöl unterschlagen. Frischkäse unterrühren. Dressing mit Salz und Pfeffer würzen.

2 Pellkartoffeln nach Belieben pellen, halbieren oder vierteln und unter das Dressing mischen. Den Salat etwa 5 Minuten durchziehen lassen.

3 In der Zwischenzeit Kresse abspülen und trocken tupfen. Kresseblätter von den Stielen schneiden. Räucherlachs in Streifen schneiden. Den Kartoffelsalat nochmals mit Salz und Pfeffer abschmecken, mit Kresse und Lachsstreifen anrichten.

Tipp

Statt der Herringshappen im Glas können Sie auch Heringssalat (500 g) aus der Feinkost-theke oder Curry-Fleisch- oder Geflügelsalat verwenden.

Tipps

Der Salat schmeckt auch mit Meerrettich-, Curry-, Lachs- oder Pfeffer-Frischkäse sehr gut. Statt mit Brunnenkresse können Sie den Salat auch mit in Streifen geschnittenem Chicorée oder einer küchenfertigen Salatmischung aus dem Kühlregal anrichten.

Exotischer Kartoffelsalat

Zubereitungszeit: 30 Minuten, ohne Durchziehzeit

4 Portionen

Pro Portion: E: 6 g, F: 1 g, Kh: 40 g, kJ: 878, kcal: 210, BE: 3,0

Zutaten

2 Möhren

2 Fleischtomaten

2 mittelgroße Zucchini

2 Stangen Staudensellerie

2 EL Speiseöl, z. B. Rapsöl

100 ml Gemüsebrühe

1 Dose Ananasstücke
(Abtropfgewicht 145 g)

600 g gegarte Pellkartoffeln

3 EL Mango-Chutney (aus dem Glas)

3 EL milder Essig, z. B. Kräuteressig

2–3 EL Gemüsesud (von dem Gemüse)

Salz

frisch gemahlener Pfeffer

Currypulver

Zubereitung

1 Möhren putzen, schälen, abspülen, abtropfen lassen und in Würfel schneiden. Tomaten abspülen, abtropfen lassen, vierteln, entkernen und die Stängelansätze herausschneiden. Tomaten in Würfel schneiden.

2 Zucchini abspülen, abtrocknen und die Enden abschneiden. Zucchini in Würfel schneiden. Vom Staudensellerie Wurzelenden abschneiden und welke Blätter entfernen, die harten Außenfäden abziehen. Die Stangen abspülen, abtropfen lassen und in Scheiben schneiden.

3 Speiseöl in einem Topf erhitzen. Möhrenwürfel darin andünsten. Brühe hinzugießen. Die Möhrenwürfel etwa 3 Minuten garen. Zucchiniwürfel und Selleriescheiben hinzufügen und weitere etwa 3 Minuten mitgaren lassen. Das gedünstete Gemüse herausnehmen und in einem Sieb gut abtropfen lassen, den Sud dabei auffangen und 2–3 Esslöffel abmessen.

4 Ananasstücke in einem Sieb gut abtropfen lassen. Pellkartoffeln pellen und in Würfel schneiden.

5 Mango-Chutney mit Essig und Gemüsesud verrühren, mit Salz, Pfeffer und Curry würzen.

6 Das gedünstete Gemüse mit den Ananasstücken in einer Salatschüssel mischen. Tomaten-, Kartoffelwürfel und die Chutneysauce unterheben. Den Salat etwa 10 Minuten durchziehen lassen und vor dem Servieren nochmals mit den Gewürzen abschmecken.

Tipps

Noch schneller können Sie diesen Salat z. B. mit fertig gekauftem Anti-Pasti-Gemüse (z. B. aus dem Glas oder der Feinkost-Bedienungs-Theke) zubereiten.
Wer mag, reichert den Salat mit fertig gebratenen Hähnchen- oder Putenbruststreifen (aus dem Kühlregal) an.

Kartoffelsalat nach Asia-Art

Zubereitungszeit: 20 Minuten

4 Portionen

Pro Portion: E: 7 g, F: 21 g, Kh: 32 g, kJ: 1463, kcal: 350, BE: 2,5

Zutaten

Für die Sauce:

4 EL Salatmayonnaise

4 EL Joghurt

1 EL Sesamöl

1 EL Zitronensaft

Salz oder 1 TL Sojasauce

frisch gemahlener Pfeffer

½ TL gemahlener Ingwer

1 Prise Zucker

1 Prise Chiliflocken

750 g gegarte Pellkartoffeln

2 rote Zwiebeln

200 g Mungobohnenkeimlinge (aus dem Glas)

½ Salatgurke

2 EL geschälte, geröstete Sesamsamen

Zubereitung

1 Für die Sauce Mayonnaise mit Joghurt, Sesamöl und Zitronensaft in einer Salatschüssel verrühren. Sauce mit Salz oder Sojasauce, Pfeffer, Ingwer, Zucker und Chili würzen.

2 Pellkartoffeln pellen und in dünne Scheiben schneiden (evtl. mit einem Eierschneider). Kartoffelscheiben unter die Sauce mischen.

3 Zwiebeln abziehen, in kleine Würfel schneiden und unter den Salat geben. Den Salat etwa 5 Minuten durchziehen lassen.

4 In der Zwischenzeit Mungobohnenkeimlinge in einem Sieb abtropfen lassen. Gurke abspülen und abtrocknen oder nach Belieben schälen. Gurke längs vierteln und in Scheiben schneiden.

5 Mungobohnenkeimlinge und Gurkenscheiben unter den Kartoffelsalat heben. Den Salat mit Salz oder Sojasauce, Pfeffer und Ingwer abschmecken. Den Kartoffelsalat mit Sesamsamen bestreut servieren.

Tipps

Besonders köstlich: Den Salat mit gebratenem Tunfischfilet und frischem Koriander servieren.
Auch einem fertig gekauften Kartoffelsalat mit Essig-Öl-Dressing können Sie mit etwas Sojasauce, gemahlenem Ingwer und geschrotetem Chili einen asiatischen Touch geben. Den Salat dann z. B. mit Kresse, frischen Sprossen (z. B. Alfalfa oder Radieschen), Gurke und evtl. etwas frischem Koriander anrichten.
Raffiniertes Extra: Den Kartoffelsalat mit eingelegtem Ingwer, den man aus der Sushi-Küche kennt, aromatisieren.

Allgemeine Hinweise

Abkürzungen

EL	=	Esslöffel
TL	=	Teelöffel
Msp.	=	Messerspitze
Pck.	=	Packung/Päckchen
g	=	Gramm
kg	=	Kilogramm
ml	=	Milliliter
l	=	Liter
evtl.	=	eventuell
geh.	=	gehäuft
gestr.	=	gestrichen
TK	=	Tiefkühlprodukt
°C	=	Grad Celsius
ø	=	Durchmesser

Nährwertangaben

E	=	Eiweiß
F	=	Fett
Kh	=	Kohlenhydrate
kcal	=	Kilokalorien
kJ	=	Kilojoule
BE	=	Broteinheiten

Allgemeines

Hinweise zu den Rezepten

Lesen Sie bitte vor der Zubereitung – besser noch vor dem Einkaufen – das Rezept einmal vollständig durch. Oft werden Arbeitsabläufe oder -zusammenhänge dann klarer.

Die Portionen sind in den Rezepten angegeben.

Zutatenliste

Die Zutaten sind in der Reihenfolge ihrer Verarbeitung aufgeführt.

Arbeitsschritte

Die Arbeitsschritte sind in der Reihenfolge, in der wir sie ausprobiert haben, angegeben.

Zubereitungszeiten

Die Zubereitungszeit ist ein Richtwert und abhängig von Ihrer Kocherfahrung. Die Zubereitungszeit beinhaltet die Zeit der tatsächlichen Zubereitung. Längere Wartezeiten, wie Kühl- oder Abkühlzeiten, Auftau- und Durchziehzeiten sind, sofern parallel keine weitere Tätigkeit erfolgt, nicht in der Zubereitungszeit enthalten.

Alphabetisches Register

A/B

D/E

G/H/I

K

M/N

P/R

S/T

W

Für Fragen, Vorschläge oder Anregungen steht Ihnen der
Verbraucherservice der Dr. Oetker Versuchsküche
Telefon: 0 08 00 71 72 73 74 Mo.–Fr. 8:00–18:00 Uhr,
Sa. 9:00–15:00 Uhr (gebührenfrei in Deutschland)
oder die Mitarbeiter des Dr. Oetker Verlages
Telefon: +49 (0) 521 52 06 45 Mo.–Fr. 9:00–15:00 Uhr zur
Verfügung. Oder schreiben Sie uns:
Dr. Oetker Verlag KG, Am Bach 11, 33602 Bielefeld
oder besuchen Sie uns im Internet unter www.oetker-verlag.de
oder www.oetker.de.

Umwelthinweis Dieses Buch und der Einband wurden auf chlorfrei gebleichtem Papier gedruckt. Die Einschrumpffolie – zum Schutz vor Verschmutzung – ist aus umweltfreundlichem und recyclingfähigem PE-Material.

Redaktion Annette Riesenberg, Andrea Gloß

Titelfoto Thomas Diercks (Fotostudio Diercks), Hamburg

Innenfotos Hans-Joachim Schmidt, Hamburg (S. 5–19, 23–31, 35–49, 53, 55, 59, 65, 67, 71, 73, 77)
Fotostudio Diercks, Hamburg (S. 21, 33, 51, 61, 75)
Bela Hoche, Hamburg (S. 69)
Antje Plewinski, Berlin (S. 63)
Brigitte Wegner, Bielefeld (S. 57)

Foodstyling Anke Rabeler, Berlin

Rezeptentwicklung und -beratung Susanne Raht, Hamburg
Olaf Brummel, Bielefeld

Nährwertberechnungen Nutri Service, Hennef

Grafisches Konzept und Gestaltung kontur:design, Bielefeld
Titelgestaltung kontur:design, Bielefeld

Reproduktionen LONGO AG, Bozen, Italien
Satz Typografika, Bielefeld
Druck und Bindung Firmengruppe APPL, aprinta-Druck, Wemding

ISBN 978–3–7670–0983–7